POKÉMON

Aventuras para colorear

LEGENDARIOS Y SINGULARES

T0002159

Montena

Papel certificado por el Forest Stewardship Council®

Penguin
Random House
Grupo Editorial

Título original: *Legendary and Mythical Coloring Adventures*
Primera edición: marzo de 2023

Printed in Spain — Impreso en España

ISBN: 978-84-19241-96-2
Depósito legal: B-746-2023

Compuesto en M.I. Maquetación, S.L.
Impreso en Gómez Aparicio, S.L.
Casarrubuelos (Madrid)

GT 41962

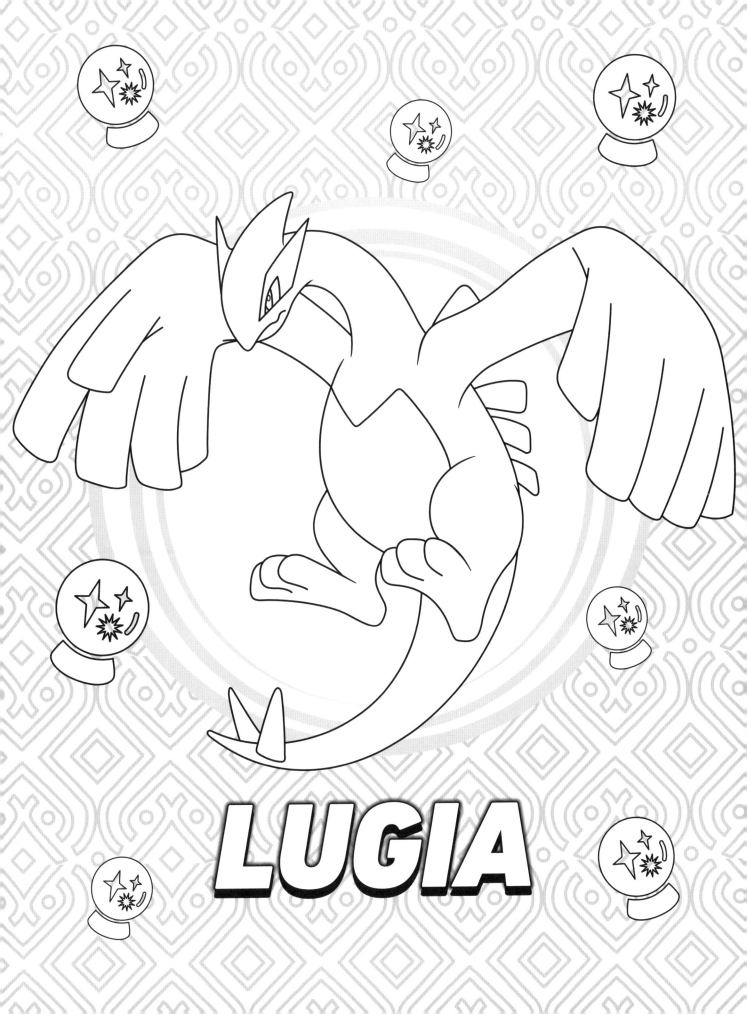

LUGIA

MEWTWO

MEGA-MEWTWO X

MEGA-MEWTWO Y

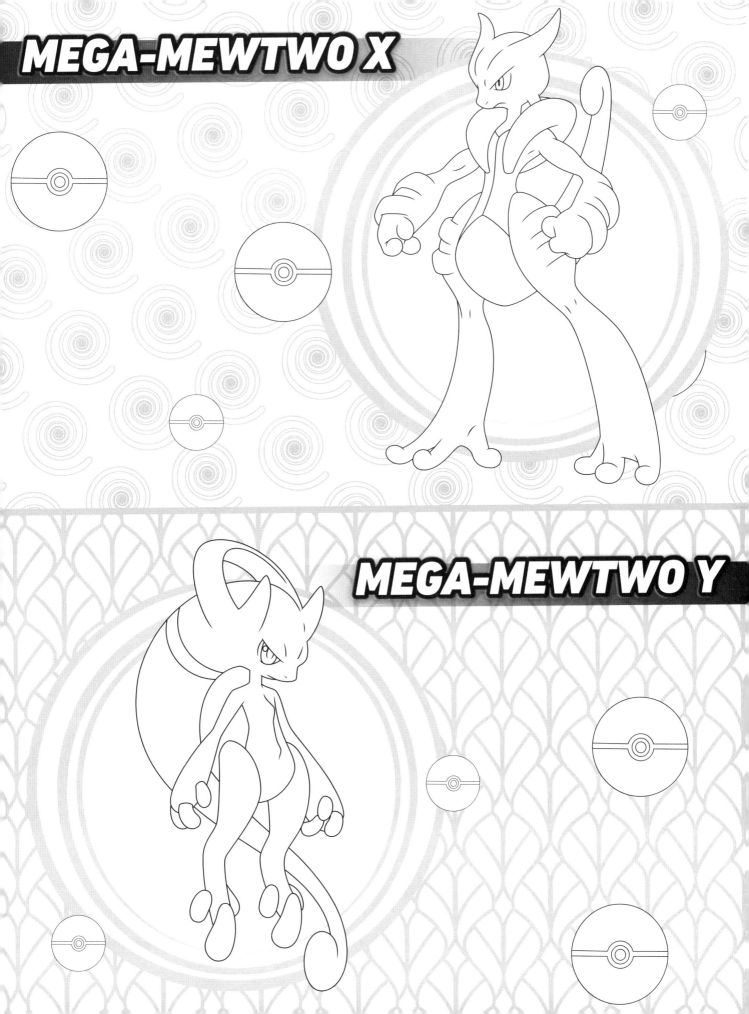

LATIOS

LATIAS

MEGA-LATIOS

SUICUNE

ENTEI

RAIKOU

REGIROCK

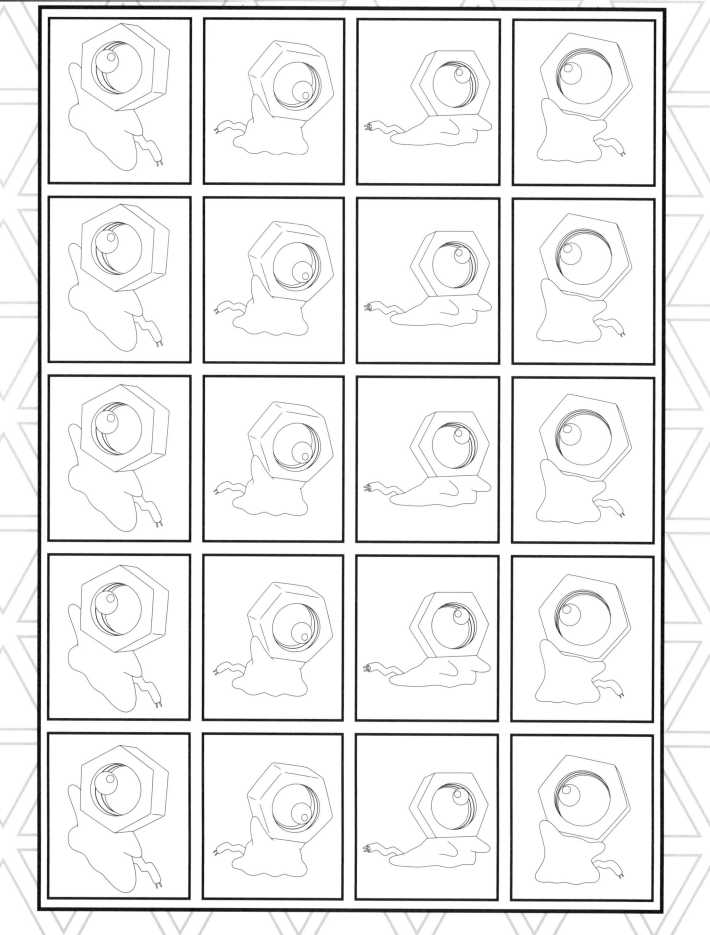

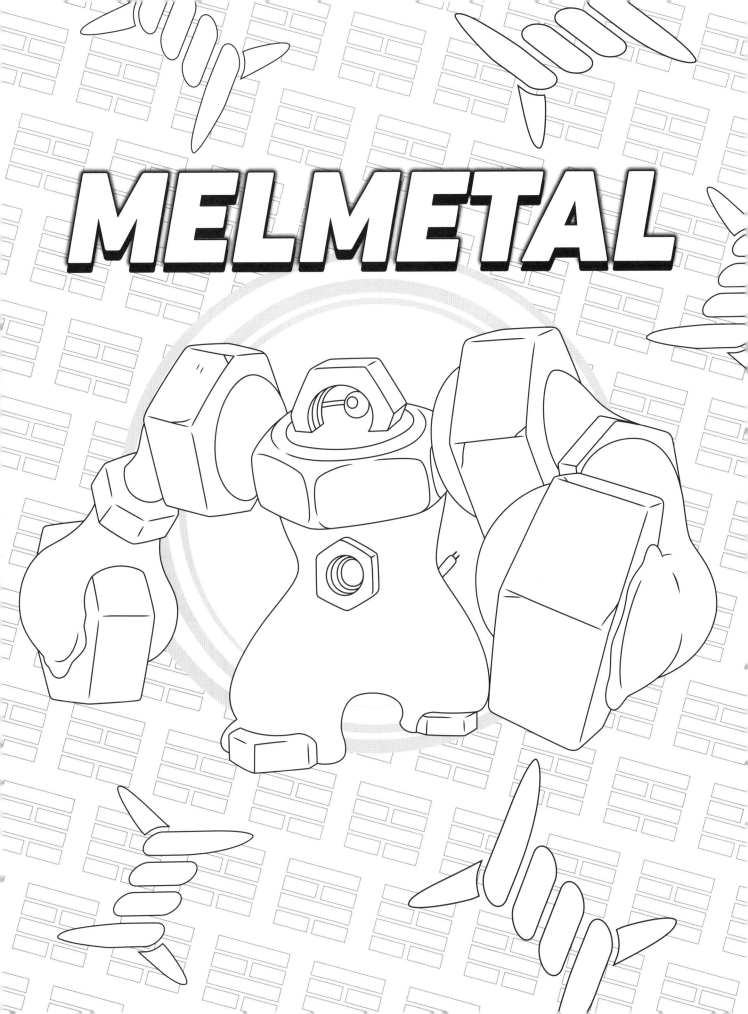

MELMETAL

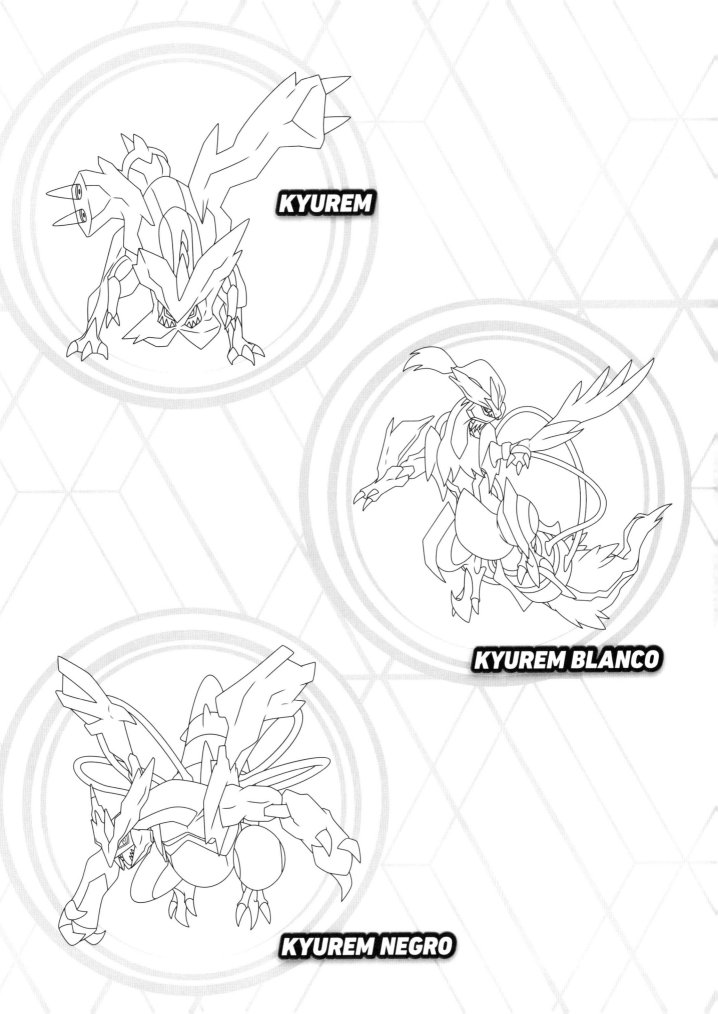

KYUREM

KYUREM BLANCO

KYUREM NEGRO

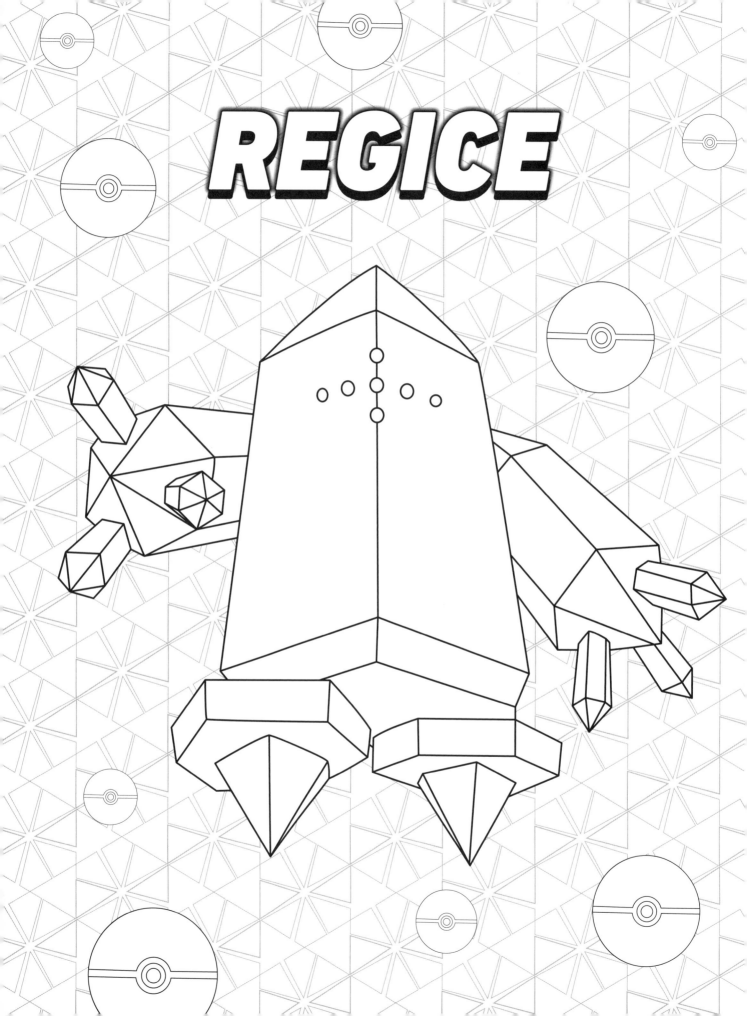

COBALION

TERRAKION

VIRIZION

RAYQUAZA

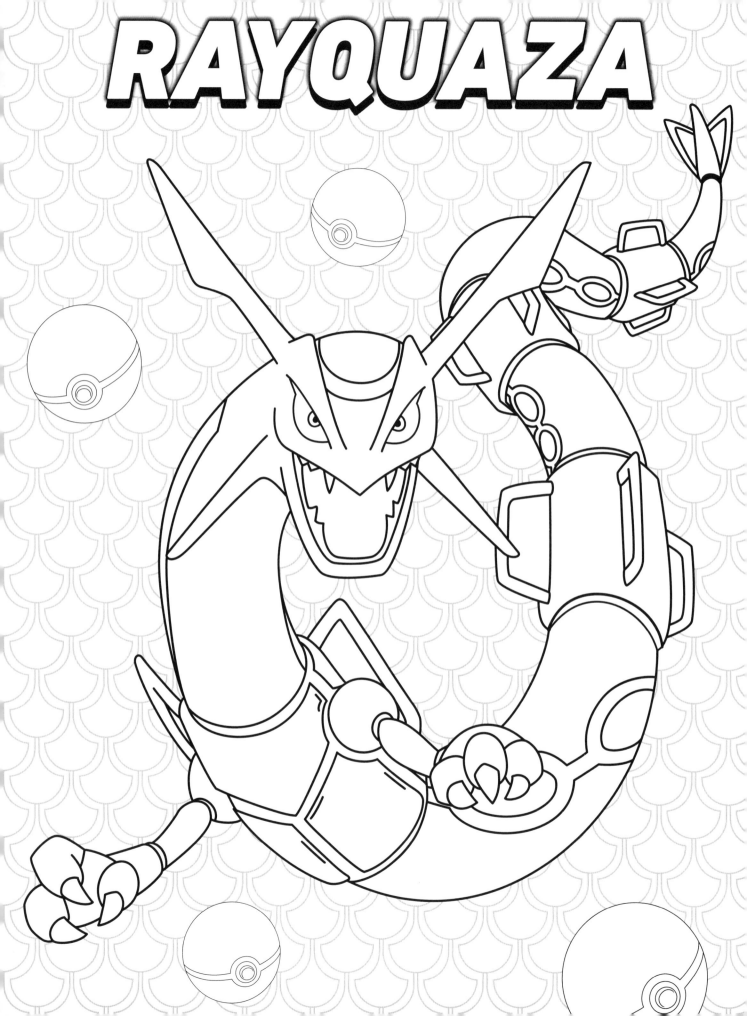

DEOXYS

FORMA NORMAL

FORMA ATAQUE

FORMA VELOCIDAD

FORMA DEFENSA

JIRACHI

KYOGRE

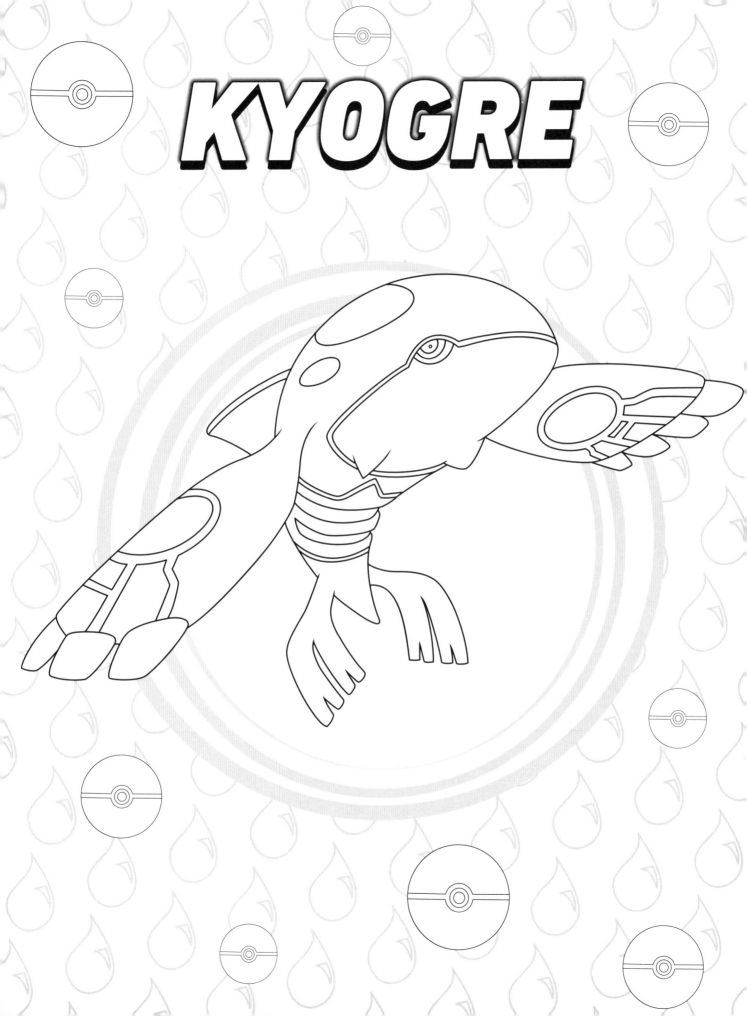

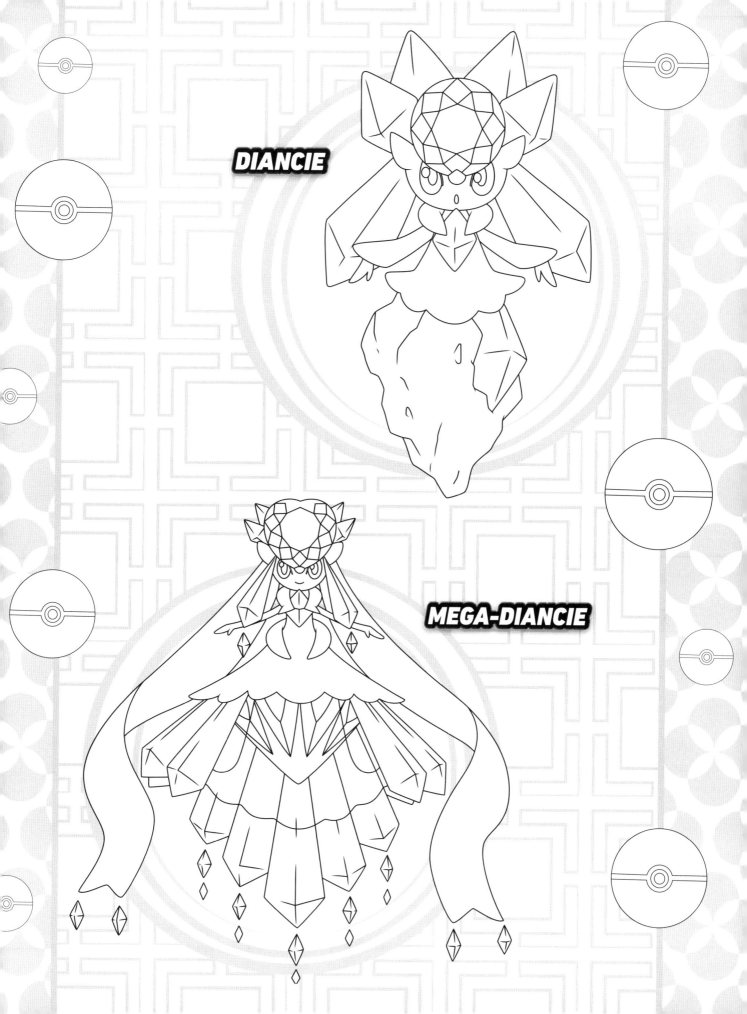

DIANCIE

MEGA-DIANCIE

HOOPA

HOOPA CONTENIDO

HOOPA DESATADO

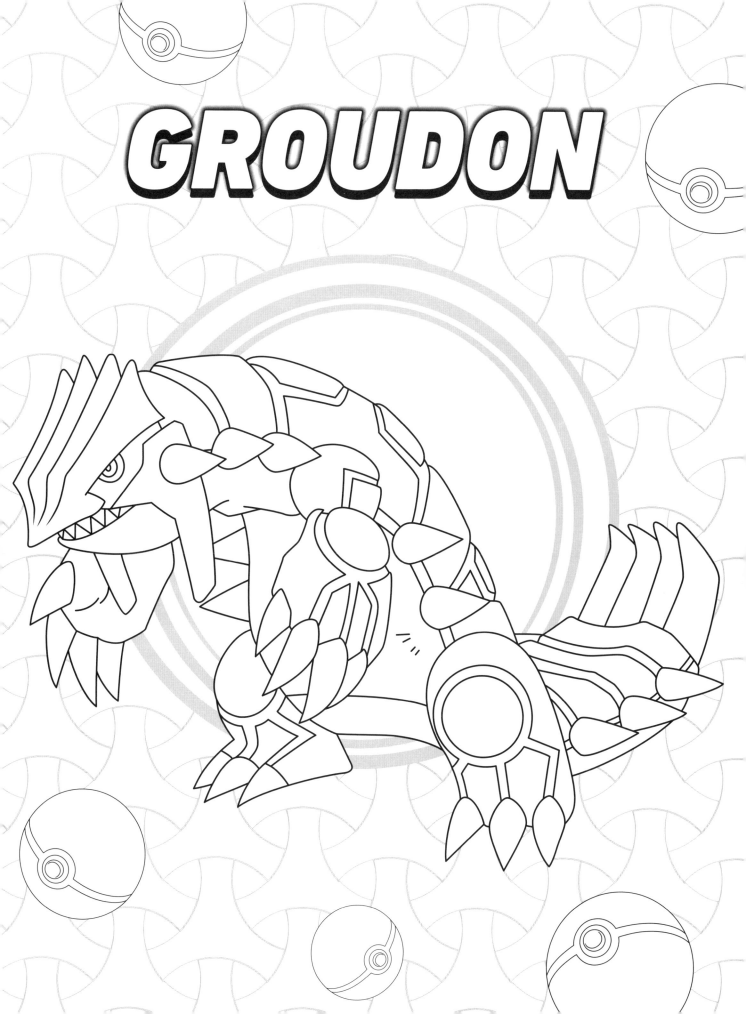

MANAPHY

ARTICUNO

MOLTRES

ZAPDOS

SHAYMIN

FORMA TIERRA

FORMA CIELO

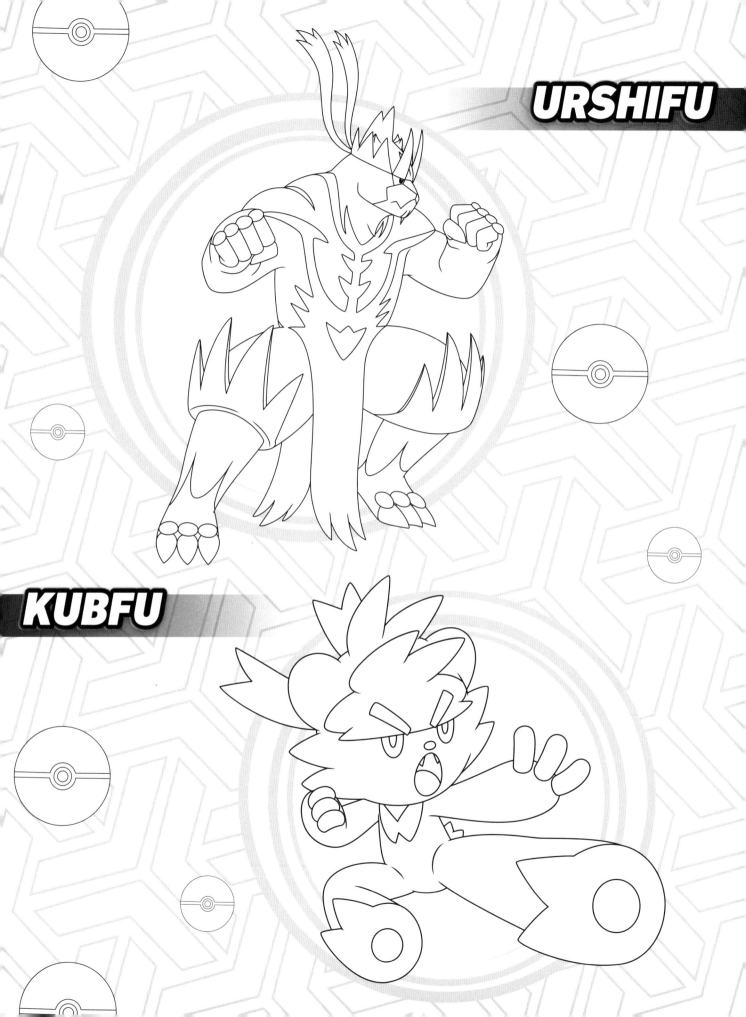

URSHIFU

KUBFU

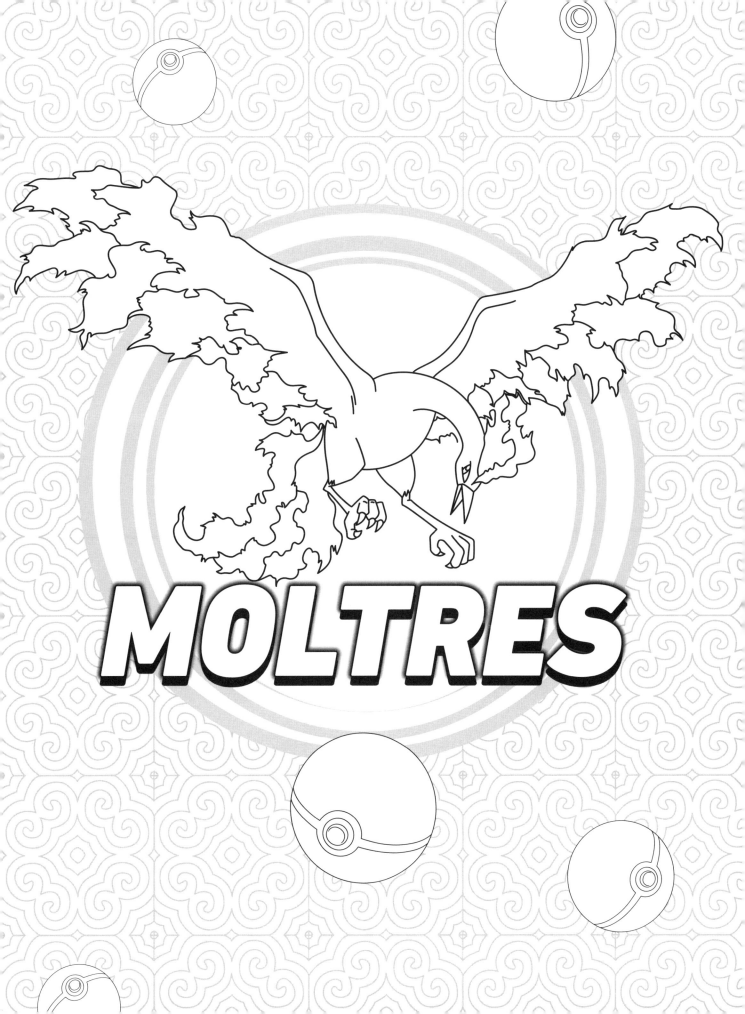

MOLTRES

TORNADUS

FORMA AVATAR

FORMA TÓTEM

VICTINI

ARTICUNO

THUNDURUS

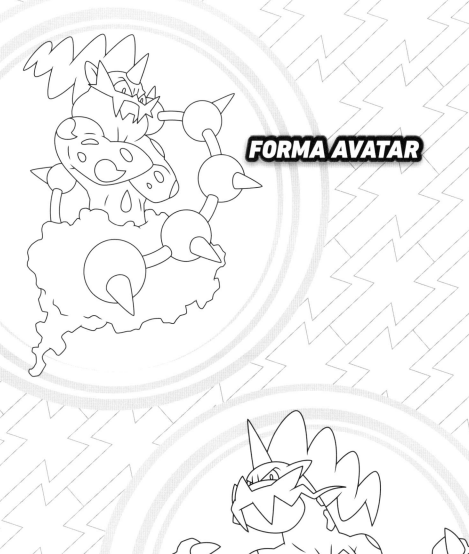

FORMA AVATAR

FORMA TÓTEM

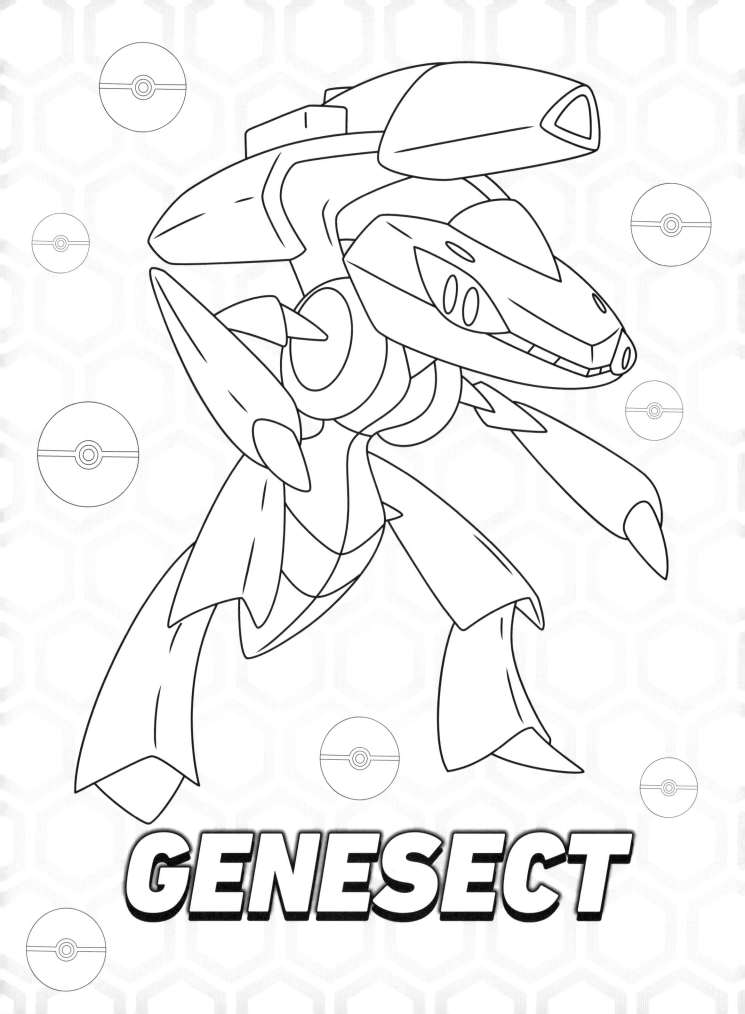

GENESECT

LANDORUS

FORMA AVATAR

FORMA TÓTEM

ARCEUS

CELEBI

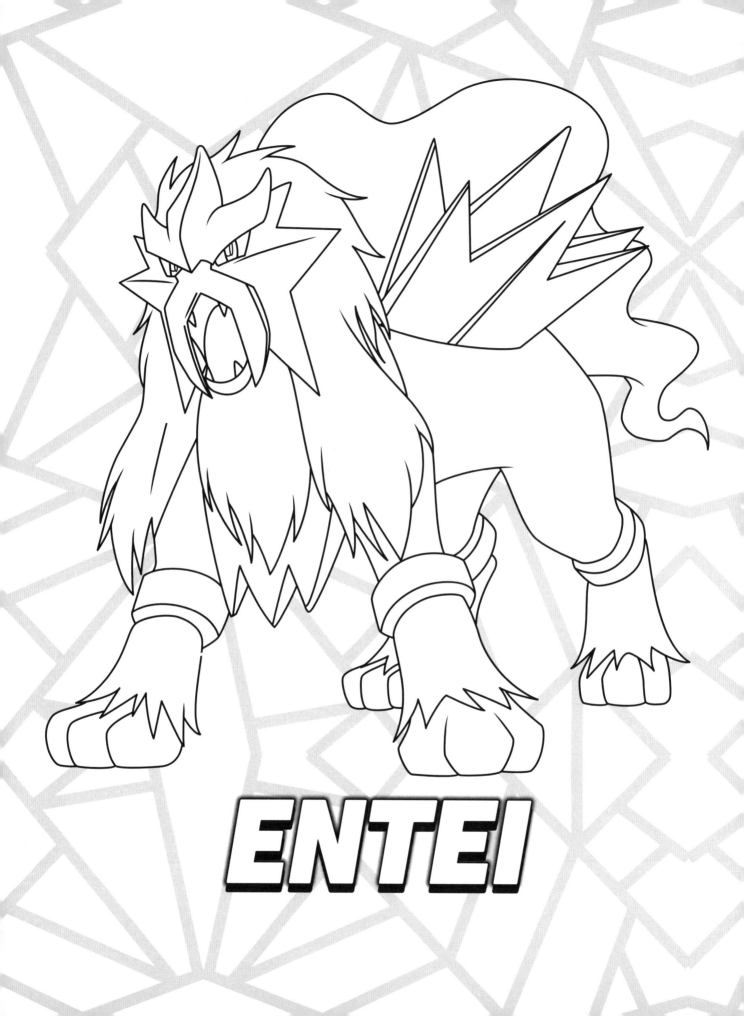

ENTEI

MANAPHY

PHIONE

HO-OH

LUGIA

SUICUNE

DIALGA

PALKIA

COBALION

VIRIZION

KELDEO

FORMA HABITUAL

FORMA BRÍO

REGIGIGAS

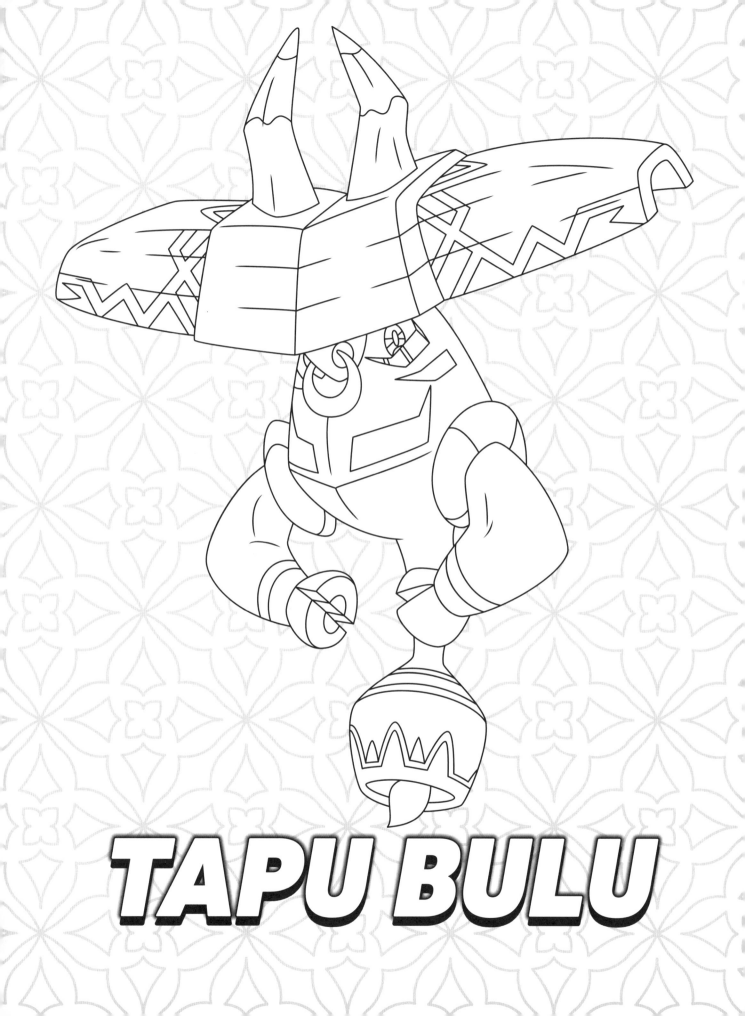

TAPU BULU

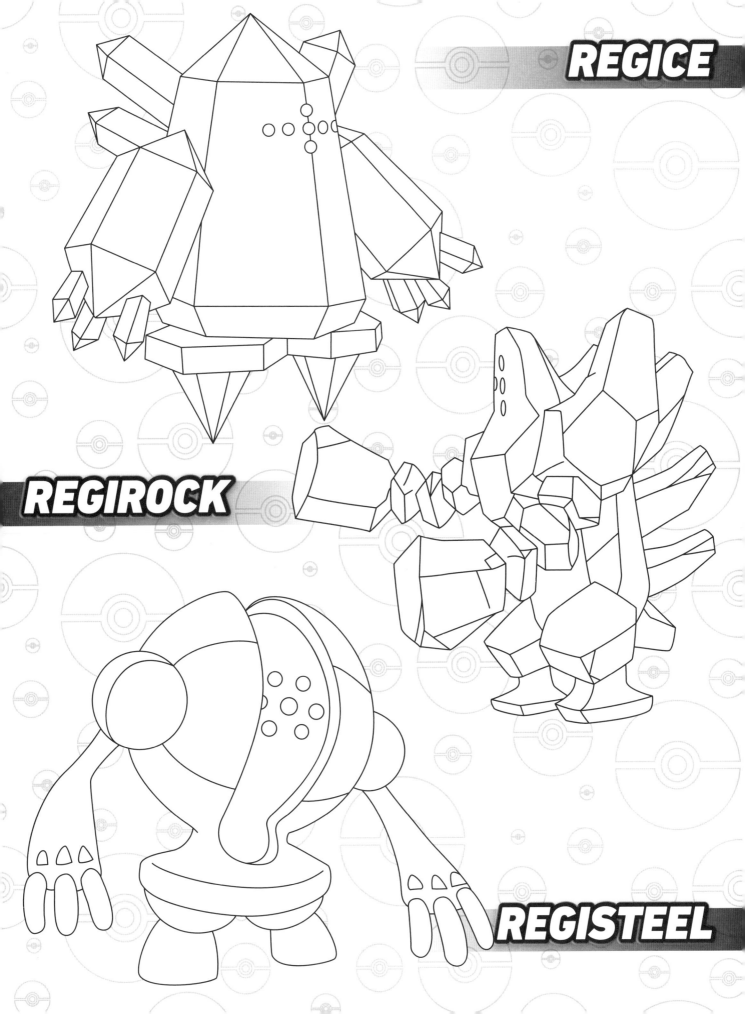

REGICE

REGIROCK

REGISTEEL

MAGEARNA

MARSHADOW

MARSHADOW CÉNIT

THUNDURUS

TORNADUS

LANDORUS

MELMETAL

MELTAN

SOLGALEO

LUNALA

RESHIRAM

XERNEAS

YVELTAL

ZYGARDE 50%

MELOETTA

FORMA LÍRICA

FORMA DANZA

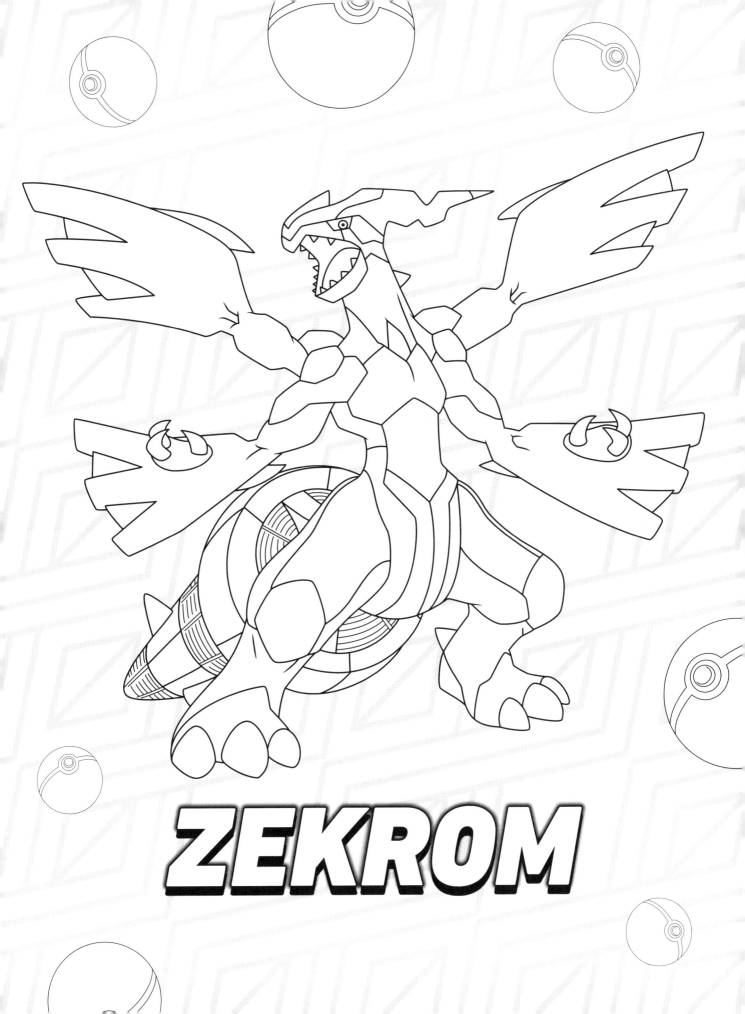

ZEKROM

PHIONE

DARKRAI

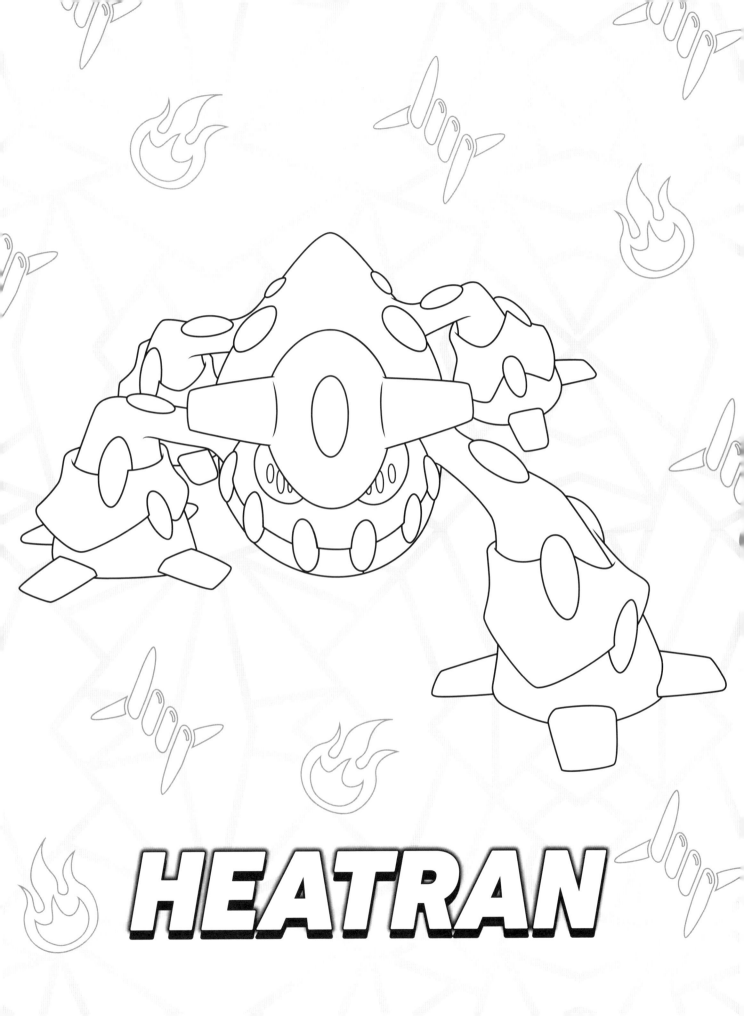

HEATRAN

ZYGARDE 50%

ZYGARDE 10%

ZYGARDE COMPLETO

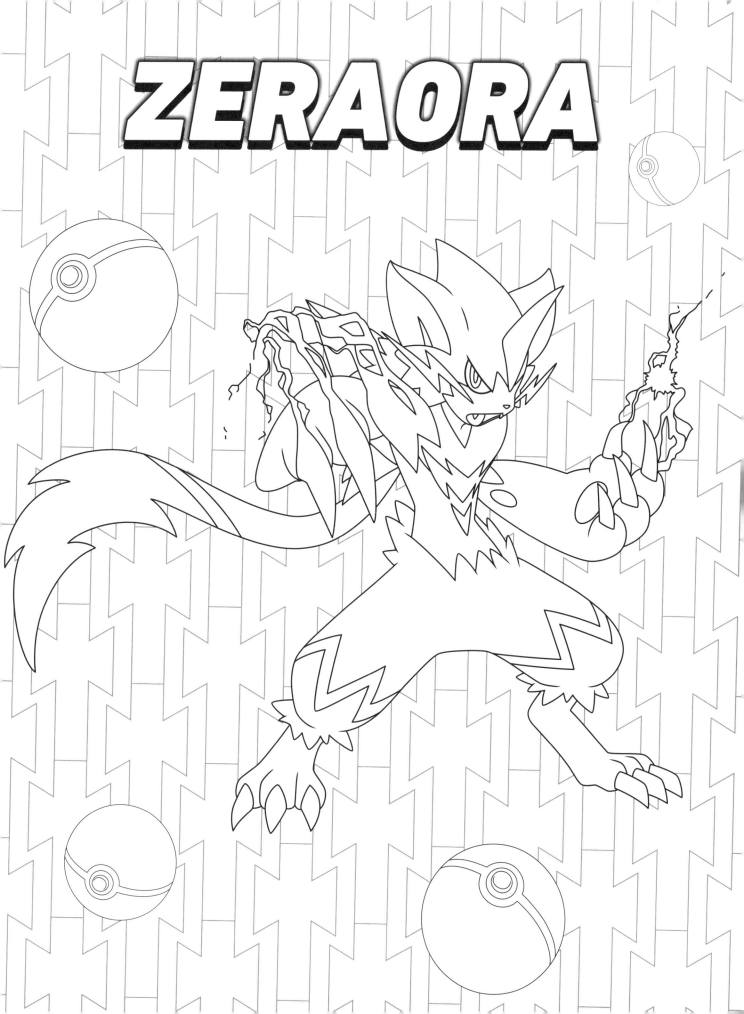

VOLCANION

COSMOG

COSMOEM

SOLGALEO

LUNALA

TAPU KOKO

COSMOEM

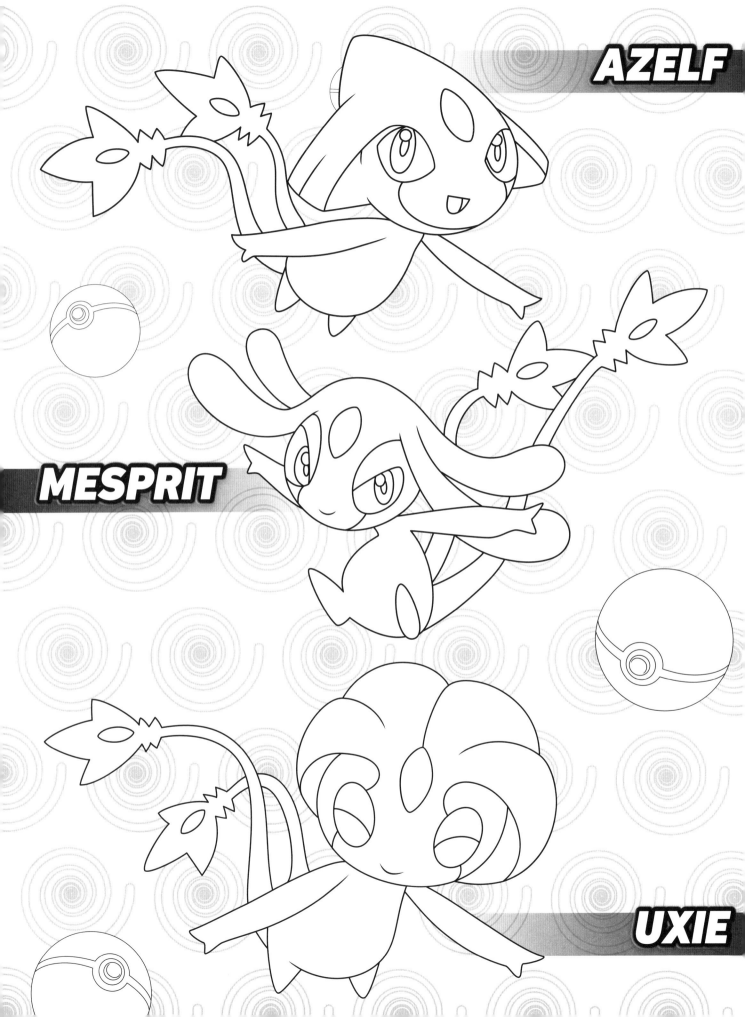

AZELF

MESPRIT

UXIE

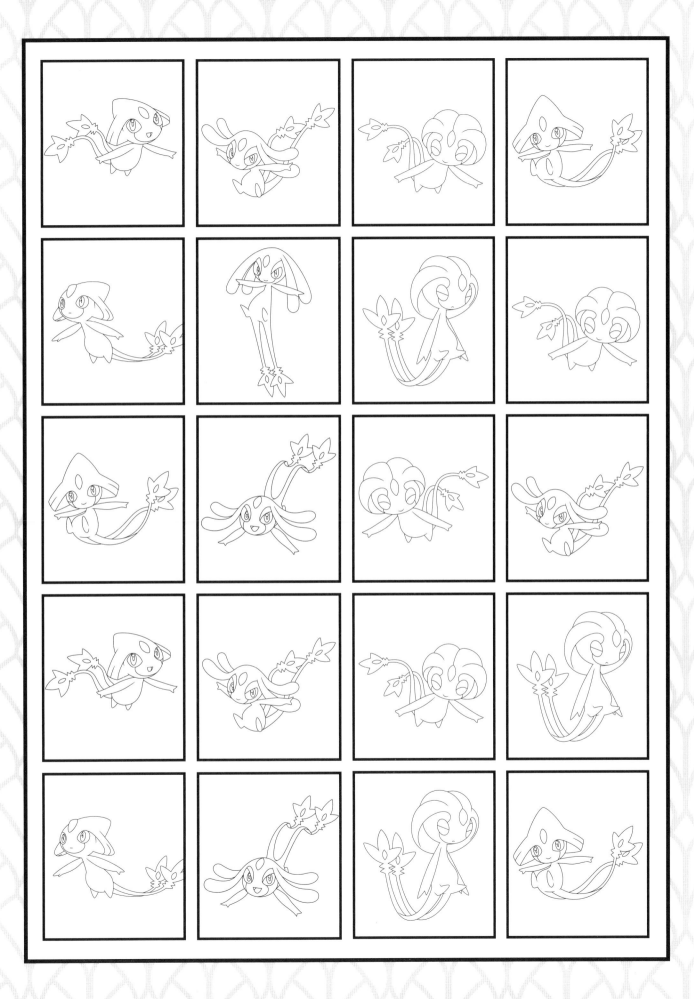

ETERNATUS

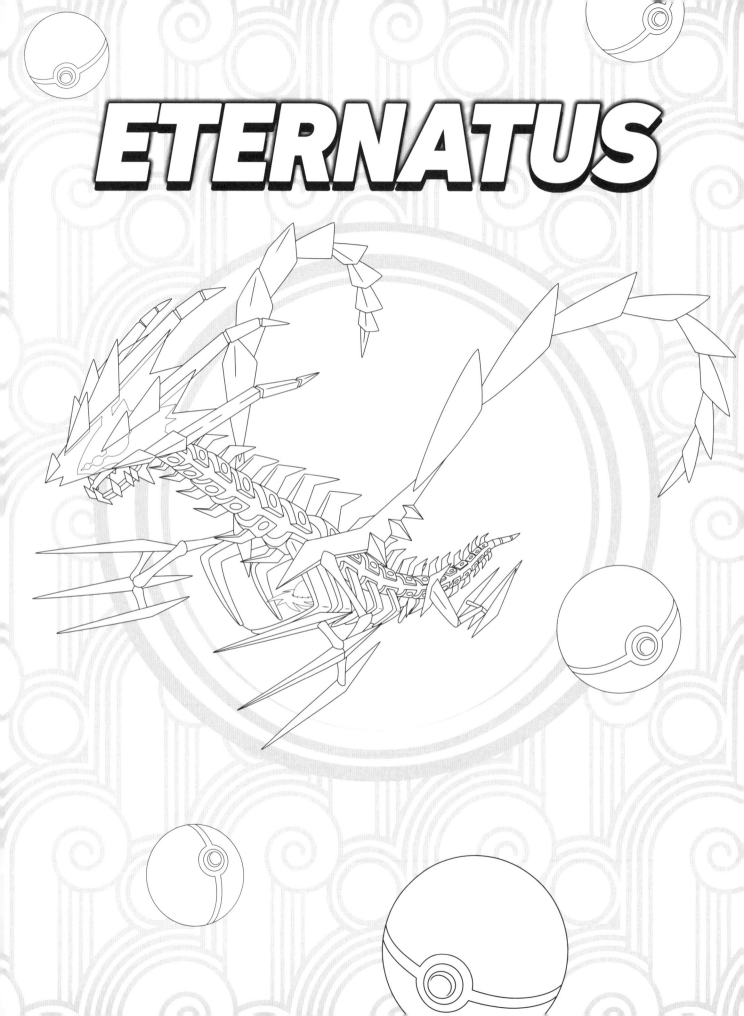

KUBFU

ZACIAN

GUERRERO AVEZADO

ESPADA SUPREMA

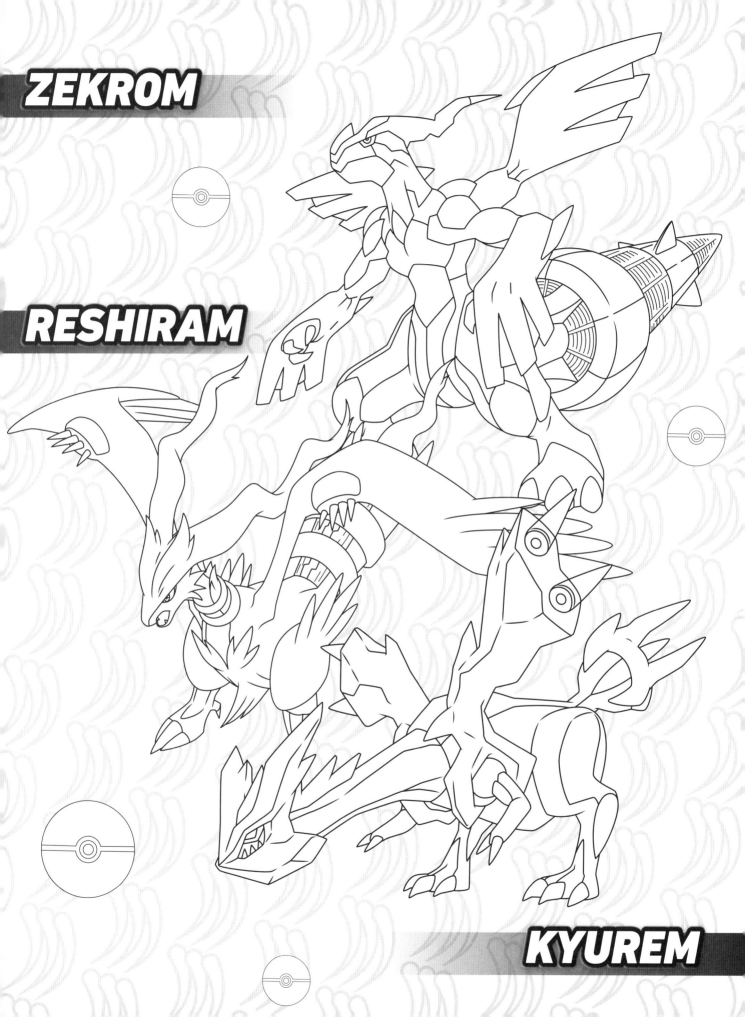

ZEKROM

RESHIRAM

KYUREM

TAPU FINI

CRESSELIA

FORMA ORIGEN

FORMA MODIFICADA

GIRATINA

NECROZMA

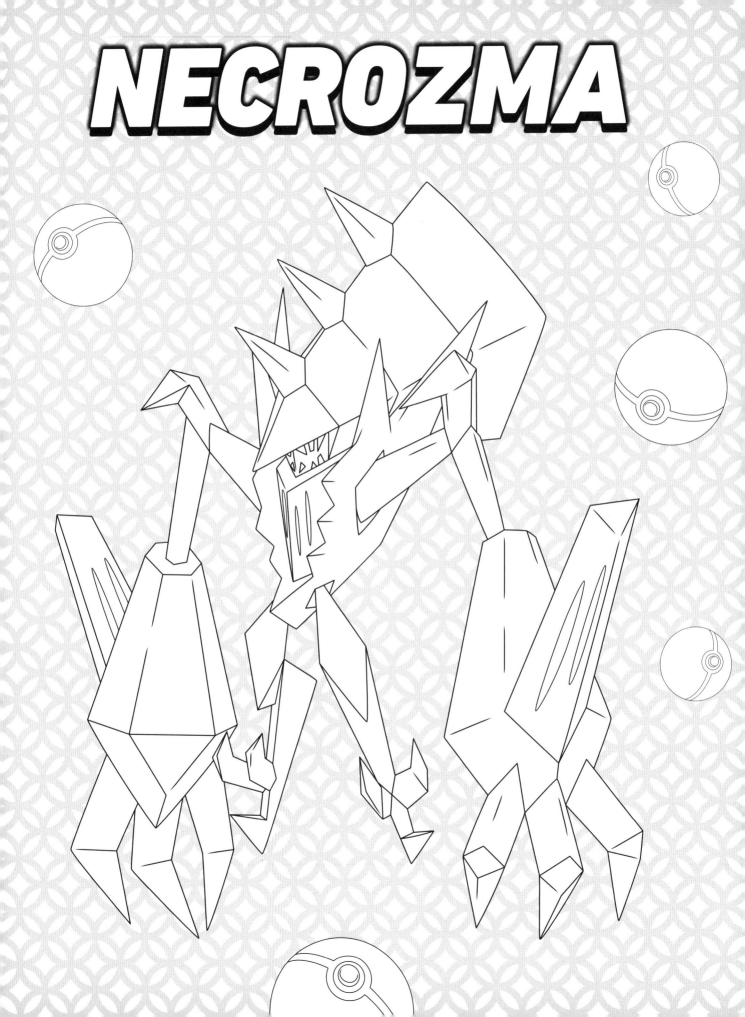

NECROZMA MELENA CREPUSCULAR

NECROZMA ALAS DEL ALBA

ULTRA-NECROZMA

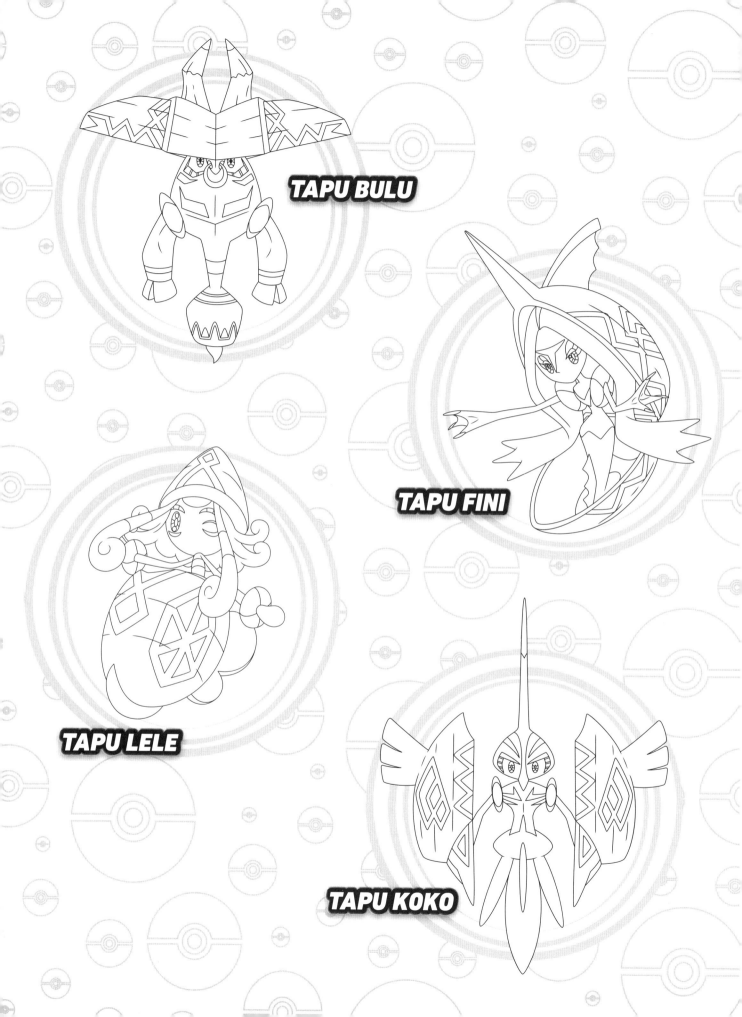

TAPU BULU

TAPU FINI

TAPU LELE

TAPU KOKO

KYOGRE

GROUDON

COSMOG

ZAMAZENTA

GUERRERO AVEZADO

ESCUDO SUPREMO

YVELTAL

XERNEAS

ZACIAN

ZAMAZENTA

ZYGARDE 50%

URSHIFU

ESTILO BRUSCO

ESTILO FLUIDO

TAPU LELE

ZARUDE